AF221691

Impressum
Verlag: BABADADA GmbH, Nedderfeld 112 , 22529 Hamburg
Geschäftsführer / Verlagsleitung: Harald Hof
Druck: Books on Demand GmbH, In de Tarpen 42, 22848 Norderstedt

Imprint
Publisher: BABADADA GmbH, Nedderfeld 112 , 22529 Hamburg, Germany
Managing Director / Publishing direction: Harald Hof
Print: Books on Demand GmbH, In de Tarpen 42, 22848 Norderstedt, Germany

училище

sekolah

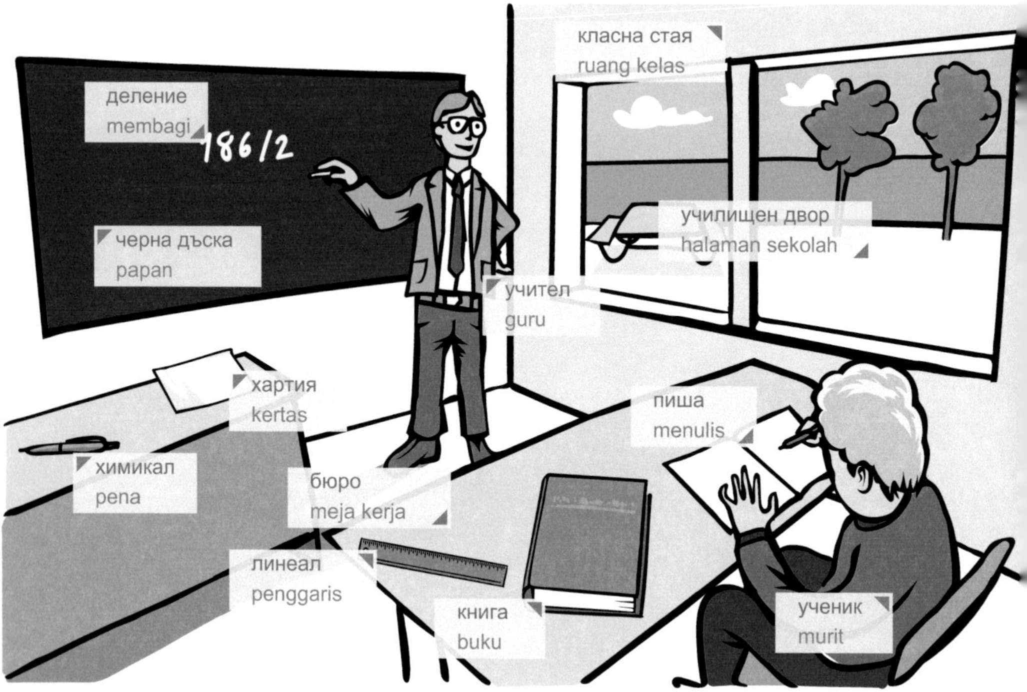

класна стая
ruang kelas
деление
membagi
186/2
черна дъска
papan
училищен двор
halaman sekolah
учител
guru
хартия
kertas
пиша
menulis
химикал
pena
бюро
meja kerja
линеал
penggaris
книга
buku
ученик
murit

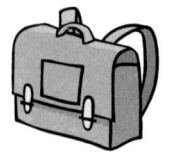

ученическа раница

tas sekolah

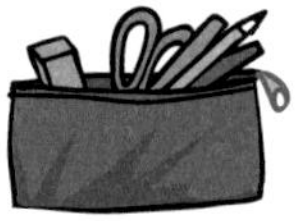

ученически несесер

tempat pensil

молив

pensil

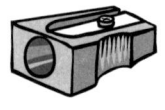

острилка за моливи

pengasah pensil

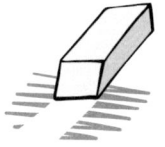

гума

penghapus

блок за рисуване

kertas gambar

рисунка

gambar

четка

kuas

акварелни бои

kotak cat

ножица

gunting

лепило

lem

тетрадка за упражнения

buku latihan

домашна работа

pekerjaan rumah

число

angka

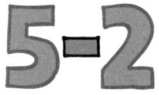

събиране

tambhakan

изваждане

mengurangi

умножение

mengalikan

смятане

menghitung

буква

huruf

азбука

alfabet

дума

kata

текст

teks

чета

membaca

тебешир

kapur

час

pelajaran

дневник на класа

daftar

изпит

ujian

свидетелство

sertifikat

ученическа униформа

seragam sekolah

образование

pendidikan

справочник

ensiklopedi

университет

universitas

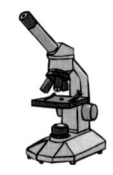

микроскоп

mikroskop

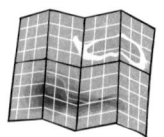

карта

peta

кошче за хартиени отпадъци

tempat sampah

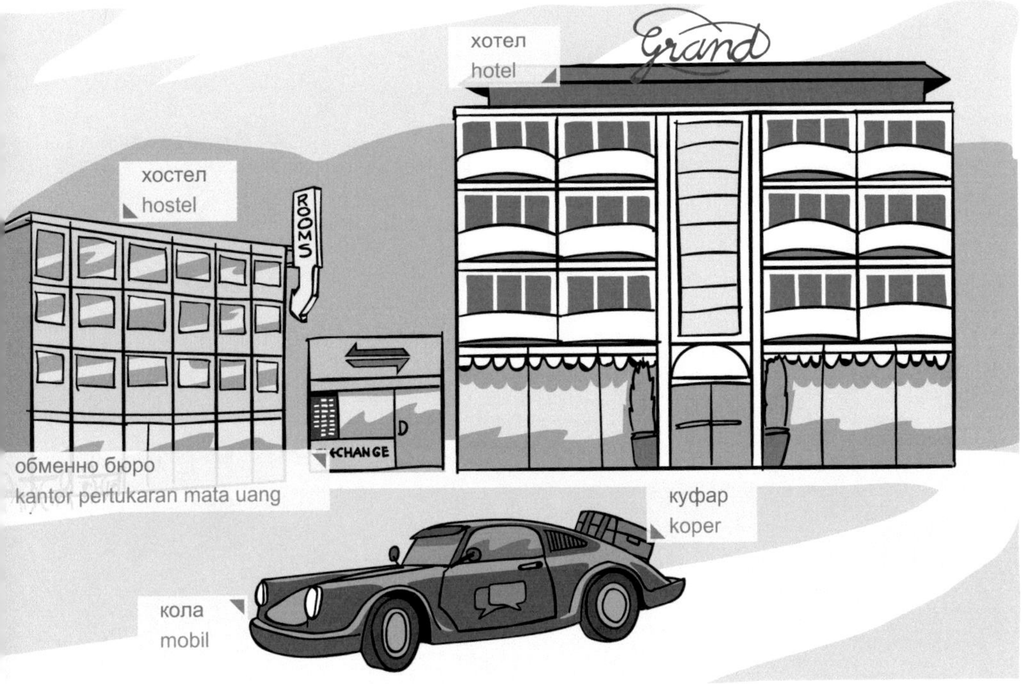

хотел
hotel
Grand
хостел
hostel
ROOMS
CHANGE
обменно бюро
kantor pertukaran mata uang
куфар
koper
кола
mobil

език
bahasa

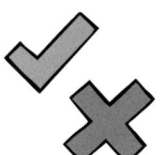

да / не
ya / tidak

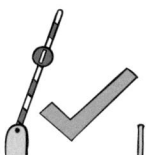

Окей
okay

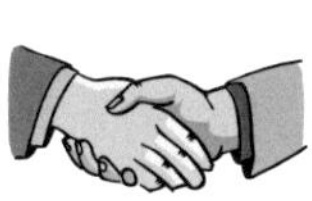

здравей
hallo

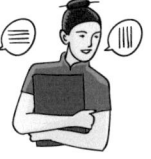

преводач
penerjemah

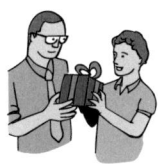

Благодаря
terima kasih

Колко струва…?

Berapa harganya…?

Не разбирам

saya tidak mengerti

проблем

masalah

Добър вечер!

Selamat malam!

Добро утро!

Selamat siang!

Лека нощ!

Selamat tidur!

довиждане

sampai jumpa

посока

arah

багаж

bagasi

пътна чанта

tas

раница

ransel

посетител

tamu

стая

ruang

спален чувал

kantong tidur

палатка

tenda

уристическа информация

informasi wisata

плаж

pantai

кредитна карта

kartu kredit

закуска

sarapan

обед

makan siang

вечеря

makan malam

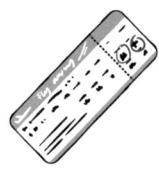

билет

tiket

асансьор

elevator

пощенска марка

perangko

граница

perbatasan

митница

cukai

посолство

kedutaan

виза

visa

паспорт

paspor

транспорт
transportasi

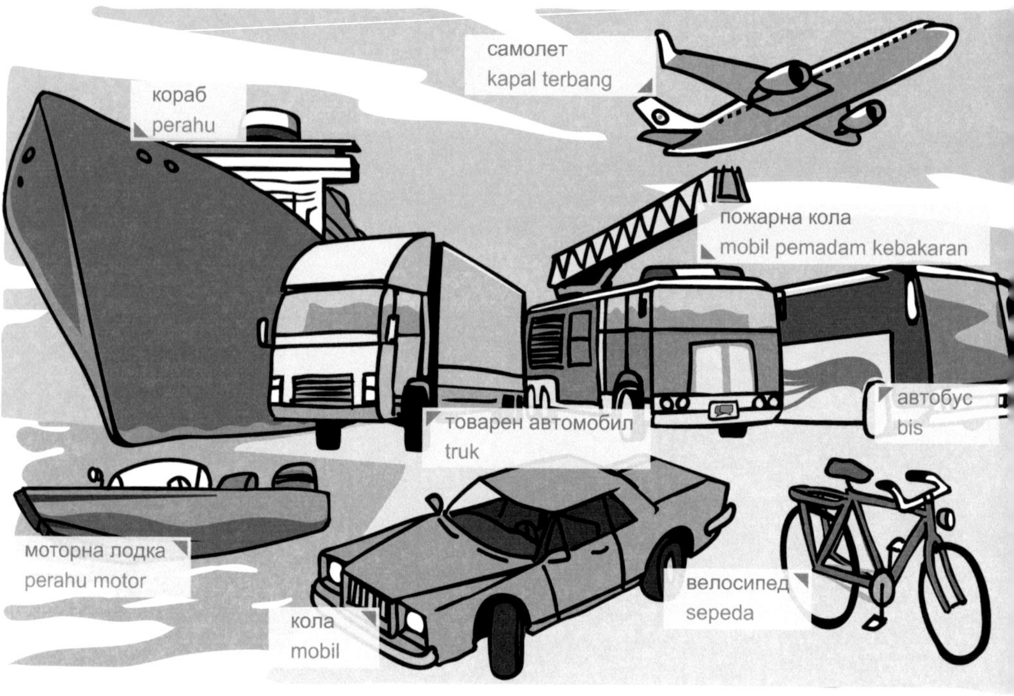
самолет
kapal terbang
кораб
perahu
пожарна кола
mobil pemadam kebakaran
товарен автомобил
truk
автобус
bis
моторна лодка
perahu motor
велосипед
sepeda
кола
mobil

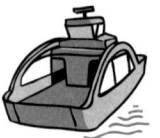

ферибот

feri

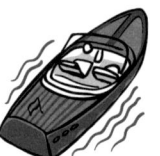

лодка

perahu

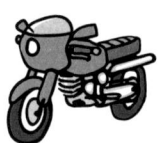

мотоциклет

sepeda motor

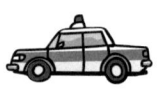

полицейска кола

mobil polisi

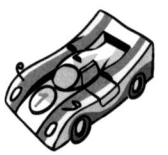

състезателна кола

mobil balapan

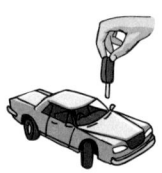

кола под наем

mobil sewa

каршеринг

berbagi mobil

автомобил от "Пътна
помощ"

truk derek

сметовоз

truk sampah

двигател

motor

бензин

bahan bakar

бензиностанция

bensin

пътен знак

tanda lalulintas

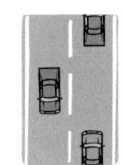

улично движение

lalulintas

задръстване

macet

паркинг

parkir mobil

гара

stasiun kereta

релси

trek

влак

kereta api

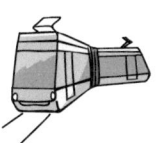

трамвай

tram

вагон

gerobak

хеликоптер

helikopter

аерогара

bendara

кула

menara

пасажер

penumpang

контейнер

container

кашон

karton

ръчна количка

troli

кошница

keranjang

излитам / приземявам се

berangkat / mendarat

град

kota

село

desa

градски център

pusat kota

къща

rumah

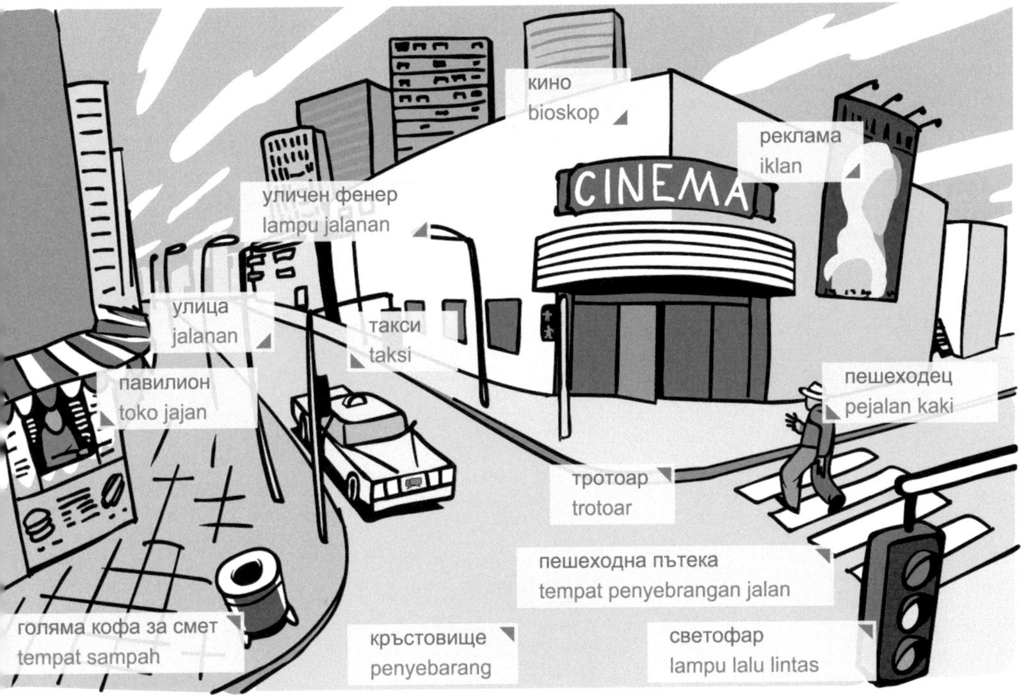

кино
bioskop

реклама
iklan

уличен фенер
lampu jalanan

улица
jalanan

такси
taksi

павилион
toko jajan

пешеходец
pejalan kaki

тротоар
trotoar

пешеходна пътека
tempat penyebrangan jalan

голяма кофа за смет
tempat sampah

кръстовище
penyebarang

светофар
lampu lalu lintas

хижа

gubuk

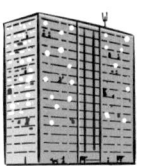

жилище

rumah flat

гара

stasiun kereta

кметство

balai kota

музей

museum

училище

sekolah

университет

universitas

банка

bank

болница

rumah sakit

хотел

hotel

аптека

farmasi

офис

kantor

книжарница

toko buku

магазин за цветя

toko

магазин за цветя

toko bunga

супермаркет

supermarket

пазар

pasar

универсален магазин

toko serba ada

търговец на риба

nelayan

търговски център

pusat belanja

пристанище

pelabuhan

парк

taman

пейка

banku

мост

jembatan

стълба

tangga

метро

kereta bawah tanah

тунел

terowongan

автобусна спирка

pemberhantian bis

бар

bar

ресторант

restauran

пощенска кутия

kotak surat

улична табелка

tanda jalan

часовник за паркинг
престой

meteran parkir

зоологическа градина

kebun binatang

плувен басейн

kolam renang

джамия

mesjid

селски двор

pertanian

замърсяване на околната
среда

polusi

гробище

kuburan

църква

gereja

детска площадка

tempat bermain

храм

pura

пейзаж
pemandangan

листо
daun

пътепоказател
penunjuk arah

път
jalanan

ливада
padang rumput

камък
batu

дърво
pohon

пътешественик
pejalak kaki

река
sungai

трева
rumput

цвете
bunga

долина

lembah

планина

bukit

море

danau

гора

hutan

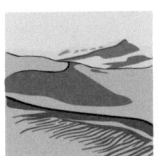

пустиня

padang gurun

вулкан

gunung berapi

замък

istana

дъга

pelangi

гъба

jamur

палма

pohon palem

комар

nyamuk

муха

lalat

мравка

semut

пчела

lebah

паяк

laba-laba

бръмбар

kumbang

жаба

kodok

катеричка

tupai

таралеж

landak

заек

kelinci

кукумявка

burung hantu

птица

burung

лебед

angsa

диво прасе

babi jantan

елен

rusa

лос

rusa

бент

bendungan

вятърна турбина

turbin angin

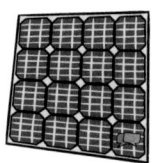

соларен модул

panel surya

климат

iklim

пейзаж - pemandangan

ресторант

restauran

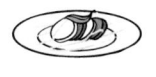

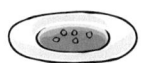

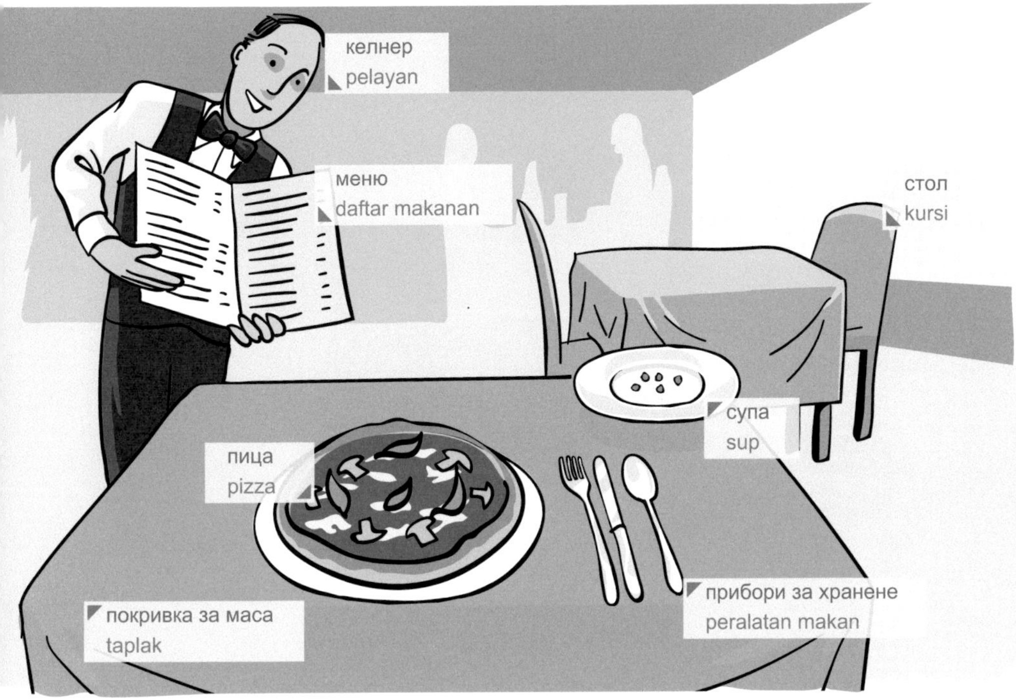

келнер
pelayan
меню
daftar makanan
стол
kursi
супа
sup
пица
pizza
прибори за хранене
peralatan makan
покривка за маса
taplak

предястие

hindangan pembuka

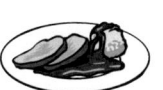

основно ястие

hidangan utama

десерт

hidangan penutup

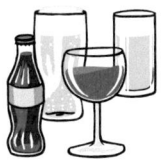

напитки

minuman

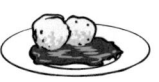

ядене

makanan

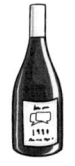

бутилка

botol

бързо хранене

fastfood

улична храна

masakan jalanan

кана за чай

teko teh

кутия за захар

kaleng gula

порция

porsi

еспресо машина

mesin espresso

висок детски стол

kursi tinggi

сметка

tagihan

табла

baki

ножица за нокти

pisau

вилица

garpu

лъжица

sendok

чаена лъжичка

sendok teh

салфетка

serbet

стъклена чаша

gelas

ресторант - restauran

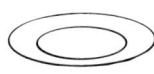

чиния

piring

чиния за супа

piring sup

чинийка

lepek

сос

saus

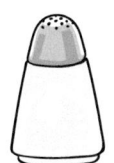

солница

tempat garam

мелничка за черен пипер

gilingan merica

оцет

cuka

олио

minyak

подправки

bumbu

кетчуп

saus tomat

горчица

mustar

майонеза

mayones

супермаркет
supermarket

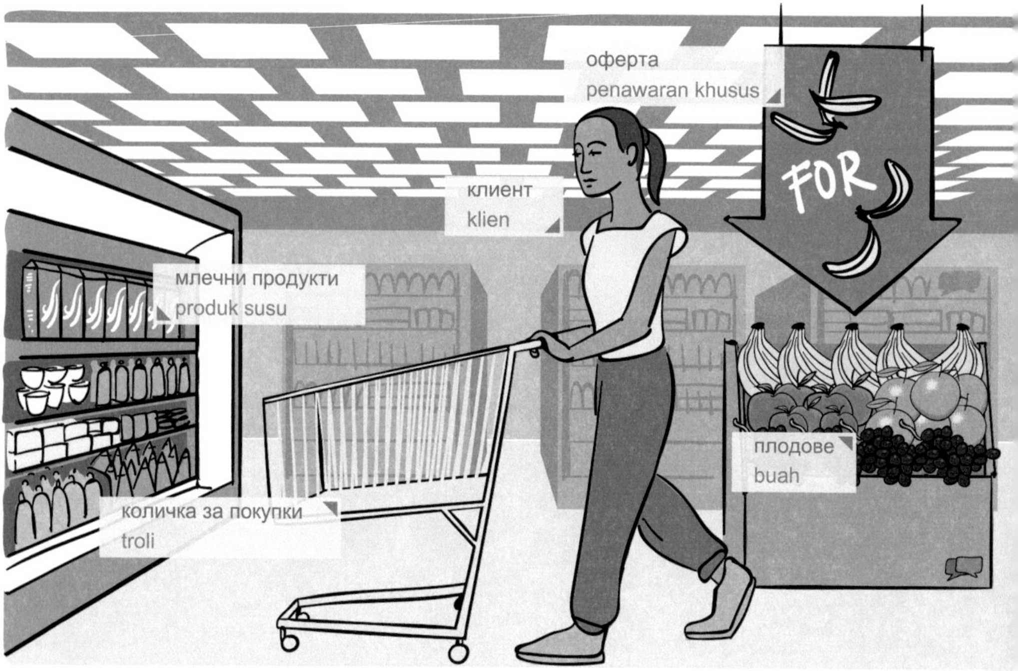

оферта
penawaran khusus
FOR
клиент
klien
млечни продукти
produk susu
плодове
buah
количка за покупки
troli

BUTCHERS

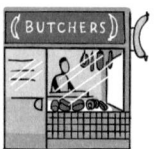

кланица

pembantai

BAKERY

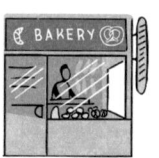

хлебарница

toko roti

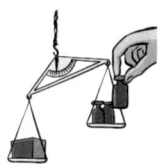

тегля

menimbang

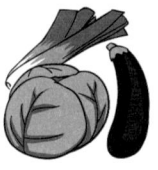

зеленчуци

sayur

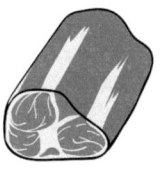

месо

daging

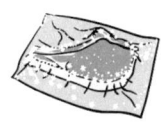

дълбоко замразена храна

makanan beku

нарязан колбас или сирене
pemotongan dingin

консерви
makanan kaleng

перилен препарат
sabun serbuk

лакомства
permen

домакински изделия
alat-alat rumah tangga

почистващи препарати
obat pembersihan

продавачка
penjual

каса
kasa

касиер
kasir

списък на покупките
daftar belanja

работно време
jam buka

портфейл
dompet

кредитна карта
kartu kredit

чанта
tas

пластмасова торба
kantong plastik

вода

air

сок

jus

мляко

susu

кола

cola

вино

anggur

бира

bir

алкохол

alkohol

какао

coklat

чай

teh

кафе машина

kopi

еспресо

espresso

капучино

cappucino

банан

pisang

ябълка

apel

портокал

jeruk

пъпеш

semangka

лимон

jeruk lemon

морков

wortel

чесън

bawang putih

бамбук

bambu

лук

bawang bombai

гъба

jamur

ядки

kacang

макарони

mi

спагети

spagetti

ориз

nasi

салата

salat

пържени картофи

kentang goreng

печени картофи

kentang goreng

пица

pizza

хамбургер

hamburger

сандвич

sandwich

шницел

sayatan

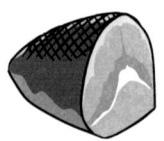

шунка

ham

траен колбас

salami

салам

sosis

пиле

ayam

печено

menggoreng

риба

ikan

овесени ядки

bubur gandum

мюсли

sereal

корнфлейкс

cornflakes

брашно

tepung

кроасан

croissant

хлебчета

roti

хляб

roti

препечена филийка

toast

бисквити

biskuit

масло

mentega

извара

dadih

сладкиш

kue

яйце

telur

яйца на очи

telur goreng

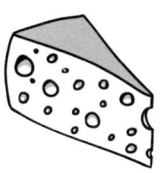

сирене

keju

ядене - makanan

сладолед

eskrim

захар

gula

мед

madu

мармалад

selai

нуга крем

krim nugat

къри

kare

селски двор

pertanian

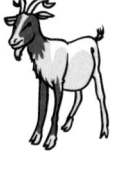

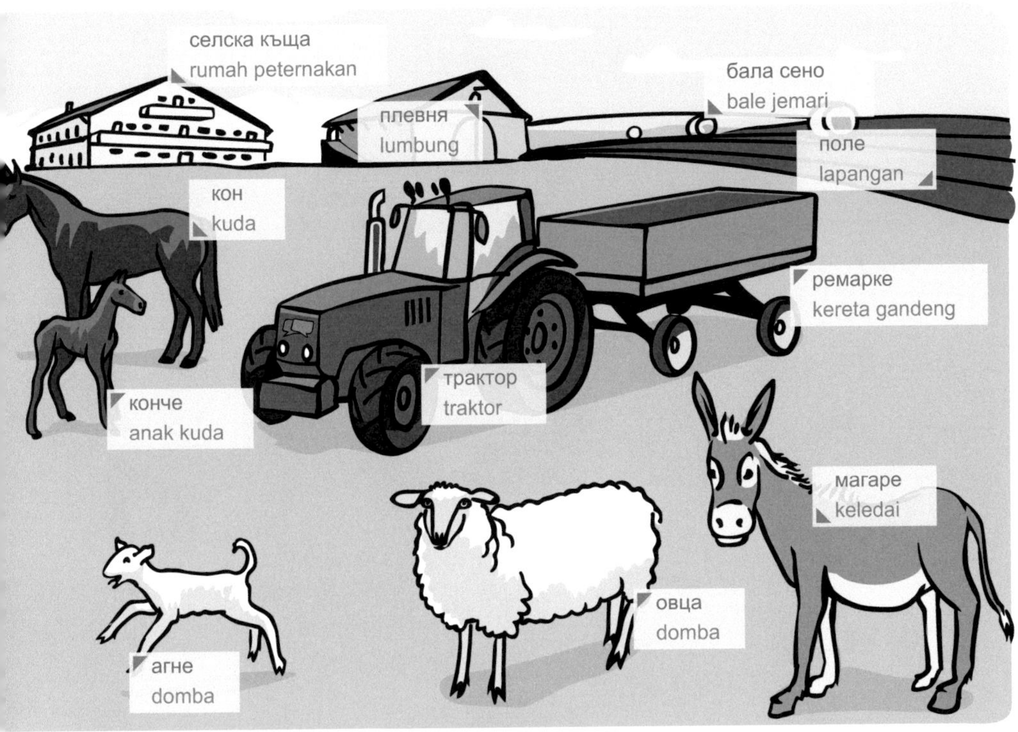

селска къща
rumah peternakan
бала сено
bale jemari
плевня
lumbung
поле
lapangan
кон
kuda
ремарке
kereta gandeng
трактор
traktor
конче
anak kuda
магаре
keledai
овца
domba
агне
domba

коза

kambing

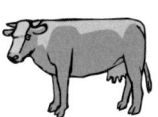

крава

sapi

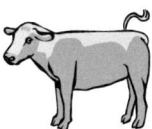

теле

betis

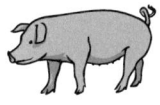

свиня

babi

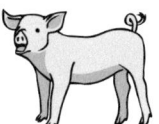

прасенце

celeng

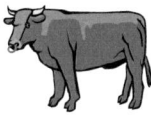

бик

banteng

гъска

angsa

патица

bebek

пиленце

anak ayam

кокошка

ayam

петел

ayam jantan

плъх

tikus

котка

kucing

мишка

tikus

вол

lembu

куче

anjing

кучешка колиба

rumah anjing

градински маркуч

selang

лейка

penyiram

коса

sabit

плуг

bajak

сърп

sabit

мотика

cangkul

вила за тор

garpu rumput

брадва

kapak

ръчна количка

gerobak

корито

palung

съд за мляко

kaleng susu

чувал

karung

ограда

pagar

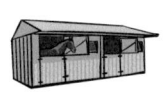

обор

kandang

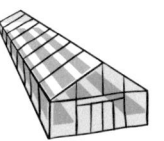

парник

rumah kaca

земя

tanah

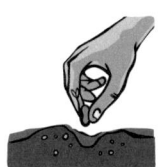

сеитба

benih

тор

pupuk

комбайн

mesin pemanen

жъна

panen

реколта

panen

ямс

yams

жито

gandum

соя

kedelai

картоф

kentang

царевица

jagung

рапица

lobak

овощно дърво

pohon buah

маниока

singkong

зърнени храни

sereal

къща

rumah

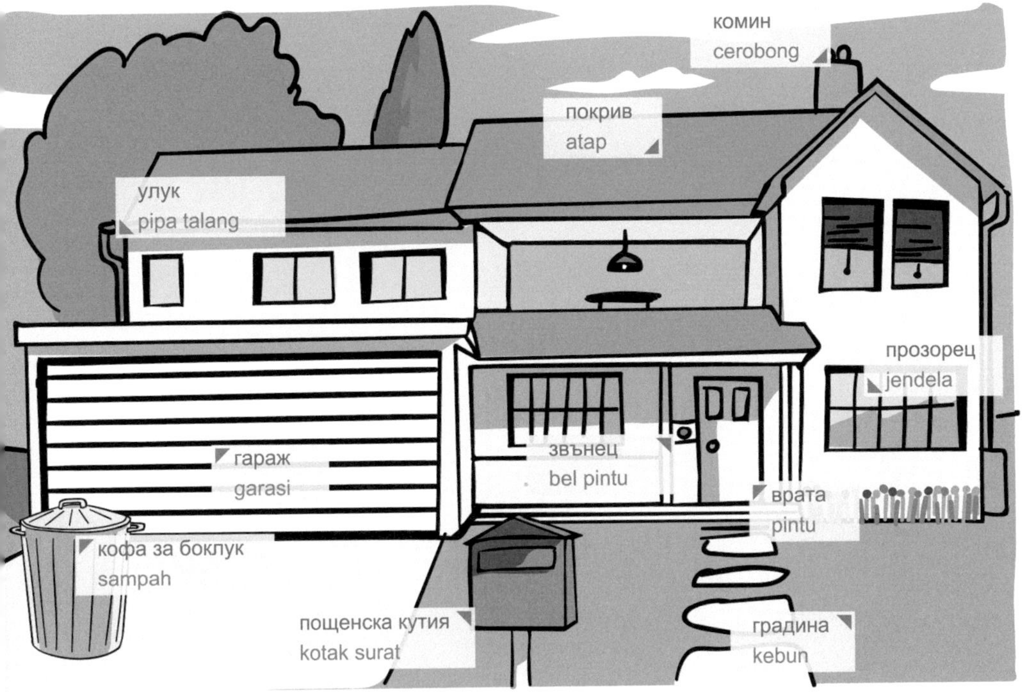

комин
cerobong
покрив
atap
улук
pipa talang
прозорец
jendela
гараж
garasi
звънец
bel pintu
врата
pintu
кофа за боклук
sampah
пощенска кутия
kotak surat
градина
kebun

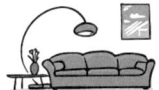

всекидневна

ruang tamu

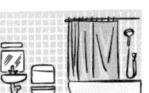

баня

kamar mandi

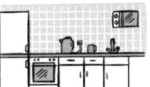

кухня

dapur

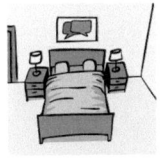

спалня

kamar tidur

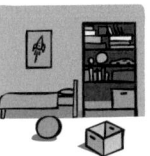

детска стая

kamar anak

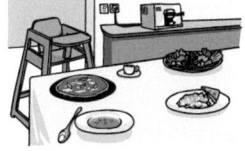

трапезария

kamar makan

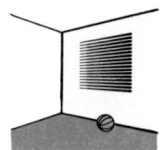

под

lantai

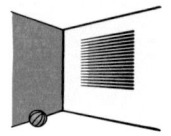

стена

tembok

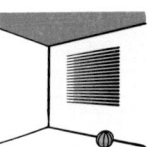

таван

atap

изба

gudang di bawah tanah

сауна

sauna

балкон

balkon

тераса

teras

плувен басейн

kolam renang

косачка

mesin pemotong rumput

спално бельо

sprei

покривка за легло

selimut

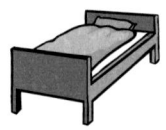

легло

tempat tidur

метла

sapu

кофа

ember

електрически ключ

tombol

всекидневна

ruang tamu

тапет
kertas dinding
картина
gambar
лампа
lampu
рафт
rak
шкаф
kabinet
телевизор
televisi
камина
perapian
цвете
bunga
възглавница
bantal
канапе
sofa
ваза
vas
дистанционно управление
remote control

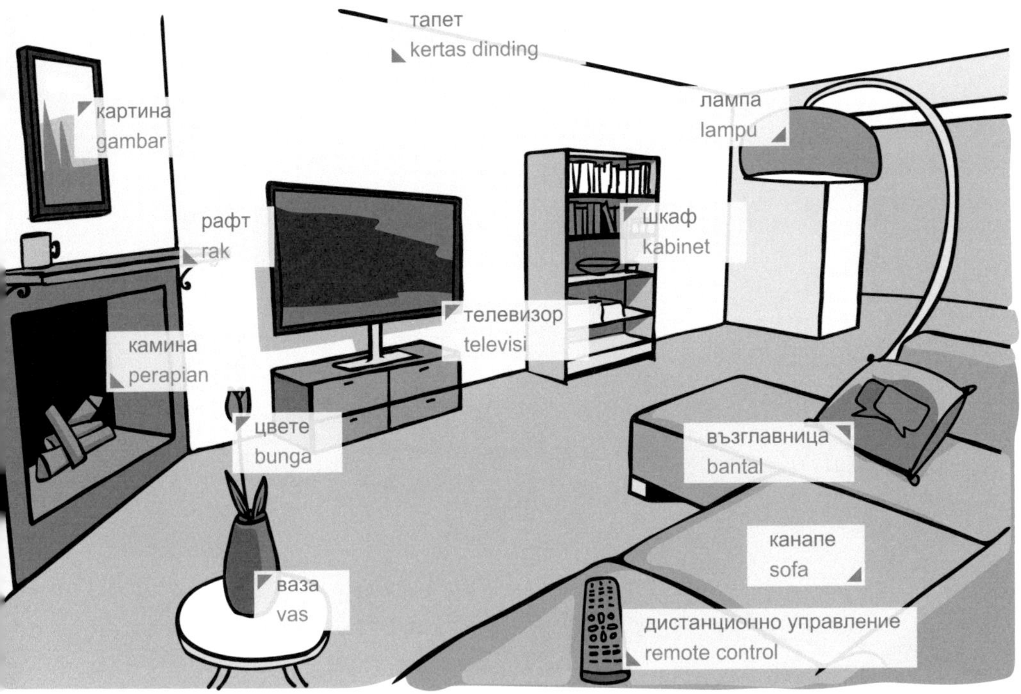

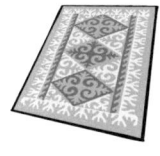

килим

karpet

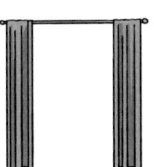

завеса

korden

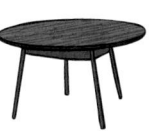

маса

meja

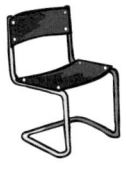

стол

kursi

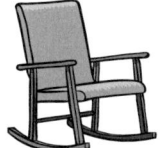

люлеещ се стол

kursi goyang

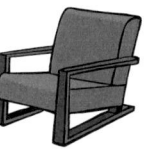

кресло

kursi malas

книга

buku

одеяло

selimut

декорация

dekorasi

дърва за отопление

kayu bakar

филм

filem

стерео уредба

hi-fi

ключ

kunci

вестник

koran

живопис

lukisan

постер

poster

радио

radio

бележник

buku tulis

прахосмукачка

penyedot debu

кактус

kaktus

свещ

lilin

кухня
dapur

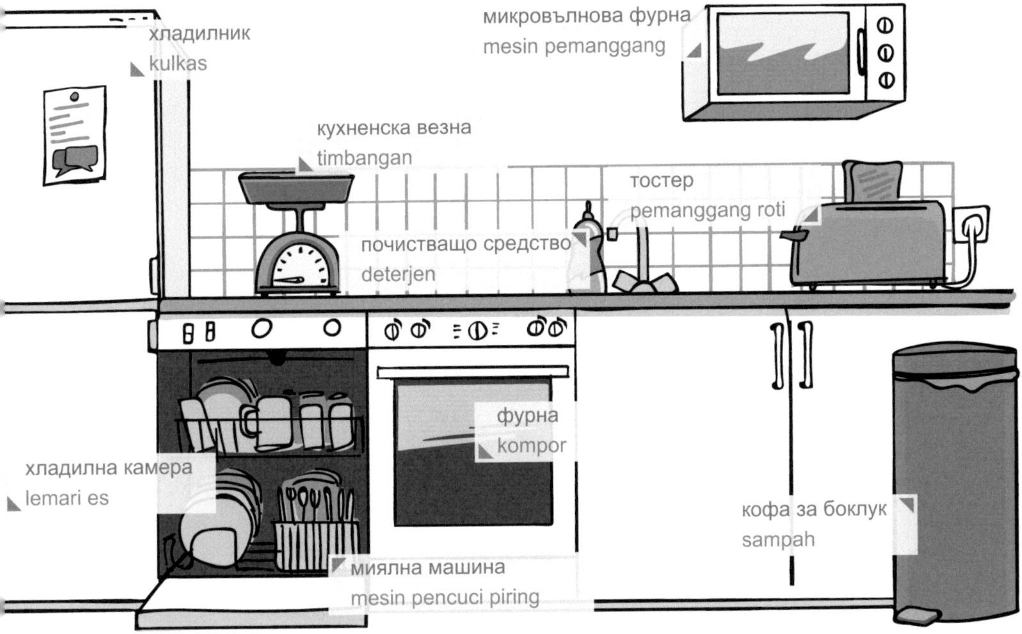
хладилник
kulkas
микровълнова фурна
mesin pemanggang
кухненска везна
timbangan
тостер
pemanggang roti
почистващо средство
deterjen
фурна
kompor
хладилна камера
lemari es
кофа за боклук
sampah
миялна машина
mesin pencuci piring

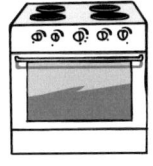

готварска печка

kompor

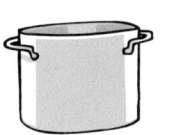

тенджера

panci

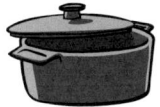

желязна тенджера

panci besi

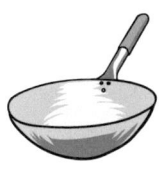

уок / кадаи

wajan

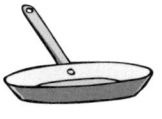

тиган

panci

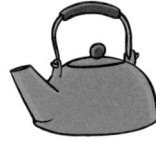

кана за затопляне на вода

pemanas air

уред за готвене на пара

panci pengukus makanan

тава за печене

nampan

съдове

piring

чаша

cangkir

купа

mangkok

клечки за хранене

sumpit

черпак

sendok sup

лопатка за тиган

sudip

тел за разбиване (на яйца, белтъци)

mengocok

кошница за варене

saringan

гевгир

saringan

ренде

parutan

хаван

mortir

барбекю

barbeque

огнище

api terbuka

дъска

papan memotong

точилка

gilingan

тирбушон

alat pembuka botol

кутия

kaleng

отварачка за консерви

pembuka kaleng

кухненска ръкохватка

pegangan panci

мивка

wastafel

четка

sikat

гъба

busa

миксер

mesin pencampur

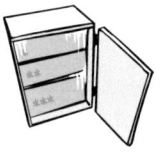

фризер

lemari es

бебешко шише

botol bayi

воден кран

keran

баня

kamar mandi

отопление
mesin pemanas
хавлиена кърпа
handuk
душ
mandi
завеса за баня
tirai kamar mandi
шампоан за вана
mandi busa
вана
bak mandi
стъклена чаша
gelas
перална машина
mesin cuci
воден кран
keran
плочки
ubin
гърне
pispot
мивка
wastafel

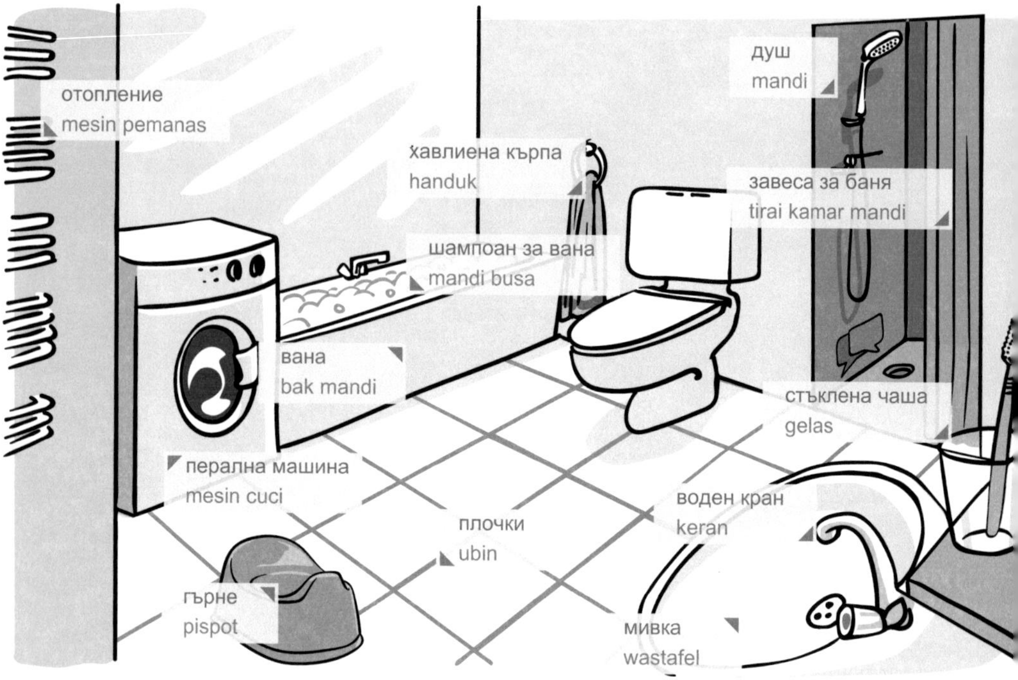

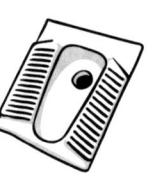

тоалетна

toilet

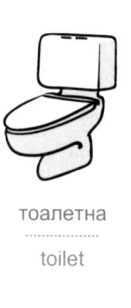

клекало

toilet jongkok

биде

bidet

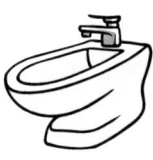

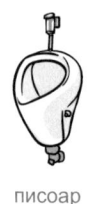

писоар

pissoir

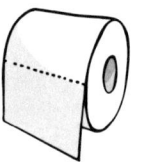

тоалетна хартия

kertas toilet

четка за тоалетна

sikat toilet

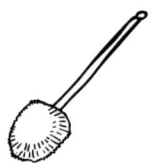

четка за зъби

sikat gigi

паста за зъби

pasta gigi

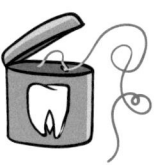

конец за зъби

benang gigi

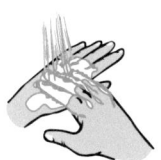

мия

menyuci

ръчен душ

pancuran tangan

интимен душ

pancuran

леген

bak

четка за гръб

sikat punggung

сапун

sabun

душ гел

gel mandi

шампоан за вана

sampo

гъба за баня

planel

сифон

kuras

крем

krim

дезодорант

deodoran

огледало

kaca

козметично огледало

cermin tangan

ръчна самобръсначка

pisau cukur

пяна за бръснене

busa cukur

одеколон за след
бръснене
aftershave

гребен

sisir

четка

sikat

сешоар

alat pengering rambut

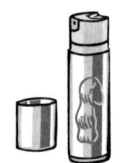

спрей за коса

semprot rambut

грим

makeup

червило

lipstik

лак за нокти

cat kuku

памук

kapas

ножица за нокти

gunting kuku

парфюм

minyak wangi

тоалетна чантичка

kantong pencuci

табуретка

bangku

везна

timbangan

хавлия

mantel mandi

домакински ръкавици

sarung tangan karet

тампон

tampon

дамски преврързки

handuk pembalut

химическа тоалетна

toilet kimia

детска стая

kamar anak

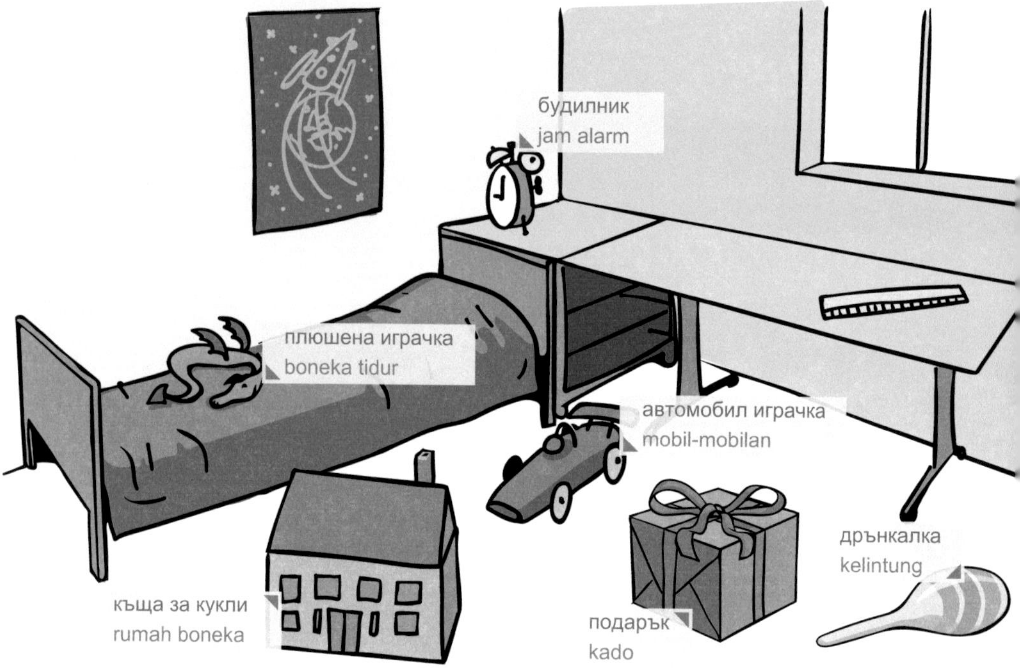
будилник
jam alarm
плюшена играчка
boneka tidur
автомобил играчка
mobil-mobilan
дрънкалка
kelintung
къща за кукли
rumah boneka
подарък
kado

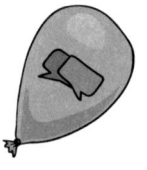

балон

balon

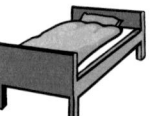

легло

tempat tidur

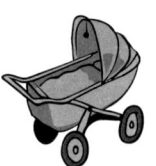

детска количка

kereta bayi

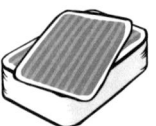

игра на карти

mainan kartu

пъзел

teka-teki

SUPER
MEGA

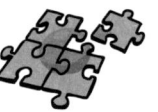

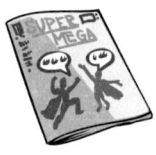

комикс

komik

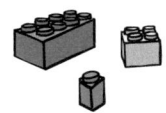

лего елементи

mainan lego

строителни елементи

blok mainan

екшън фигурка

figur aksi

бебешки гащеризон

baju monyet

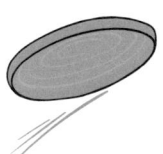

фрисби

frisbee

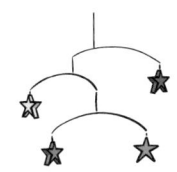

бебешки играчки за легло

mobile

настолна игра

permainan papan

зарче

dadu

миниатюрно влакче

set model kreta api

биберон

dot

парти

pesta

детска книга с илюстрации

buku gambar

топка

bola

кукла

boneka

играя

bermain

пясъчник

tempat main pasir

люлка

ayunan

играчка

mainan

игрова конзола

video game konsol

велосипед с три колелета

sepeda roda tiga

плюшено мече

teddy

гардероб

lemari pakaian

облекло

pakaian

къси чорапи

kaos kaki

дълги чорапи

kaos kaki

чорапогащник

baju ketat

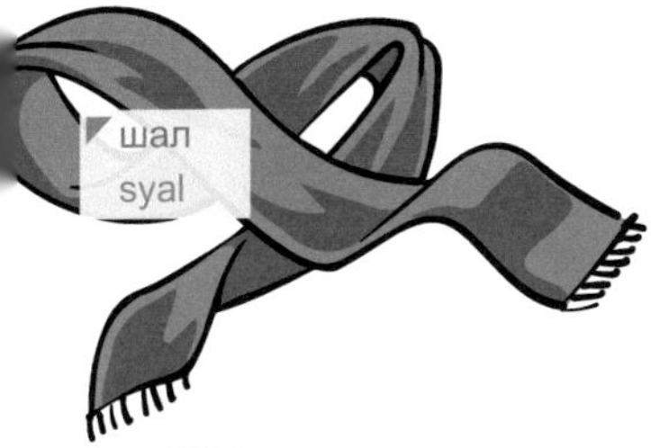

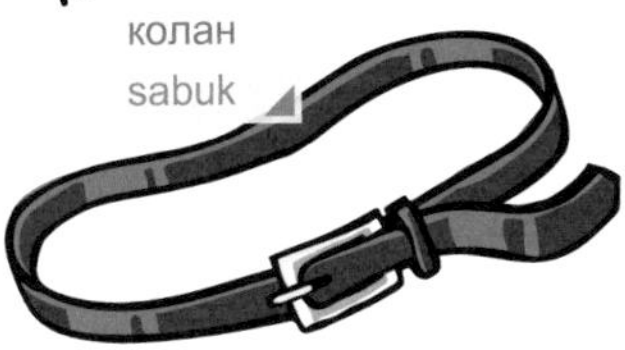

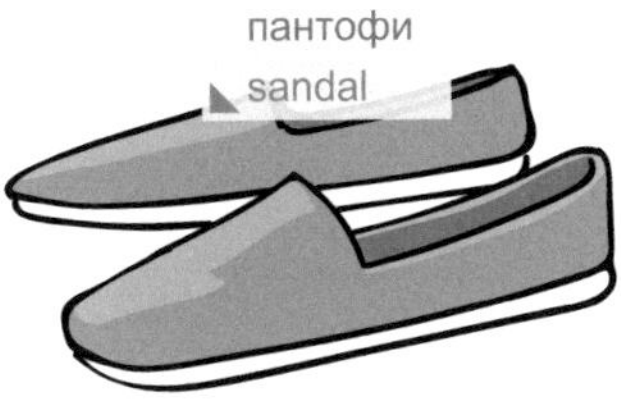

шал
syal

чадър
payung

колан
sabuk

Т-шърт
kaos

ботуши
sepatu bot

пантофи
sandal

гуменки
sepatu

сандали

sandal

обувки

sepatu

гумени ботуши

sepatu bot karet

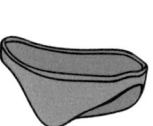

слип

celana dalam

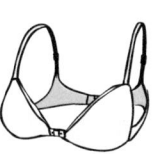

сутиен

BH

долна блуза

baju rompi

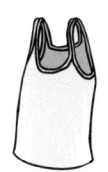

боди

body

панталон

celana

дънки

jeans

пола

rok

блуза

blus

риза

kemeja

пуловер

aket berkerudung

суичър

sweater

блейзър

jaket

яке

jaket

палто

mantel

дъждобран

jas hujan

костюм

kostum

рокля

gaun

булчинска рокля

gaun pengantin

костюм

setelan resmi

нощница

gaun tidur

пижама

piyama

сари

sari

кърпа за глава

jilbab

тюрбан

turban

бурка

burka

кафтан

kaftan

абая

abaya

бански костюм

pakaian renang

плувни шорти

celana renang

къс панталон

celana pendek

анцуг

olah raga

престилка

celemek

ръкавици

sarung tangan

копче

kancing

очила

kacamata

гривна

gelang

верижка

kalung

пръстен

cincin

обеца

anting

каскет

topi

закачалка

gantungan mantel

шапка

topi

вратовръзка

dasi

цип

ritsleting

каска

helm

тиранти

tali selempang

ученическа униформа

seragam sekolah

униформа

seragam

лигавник
....
oto

биберон
....
dot

пелена
....
popok

офис
kantor

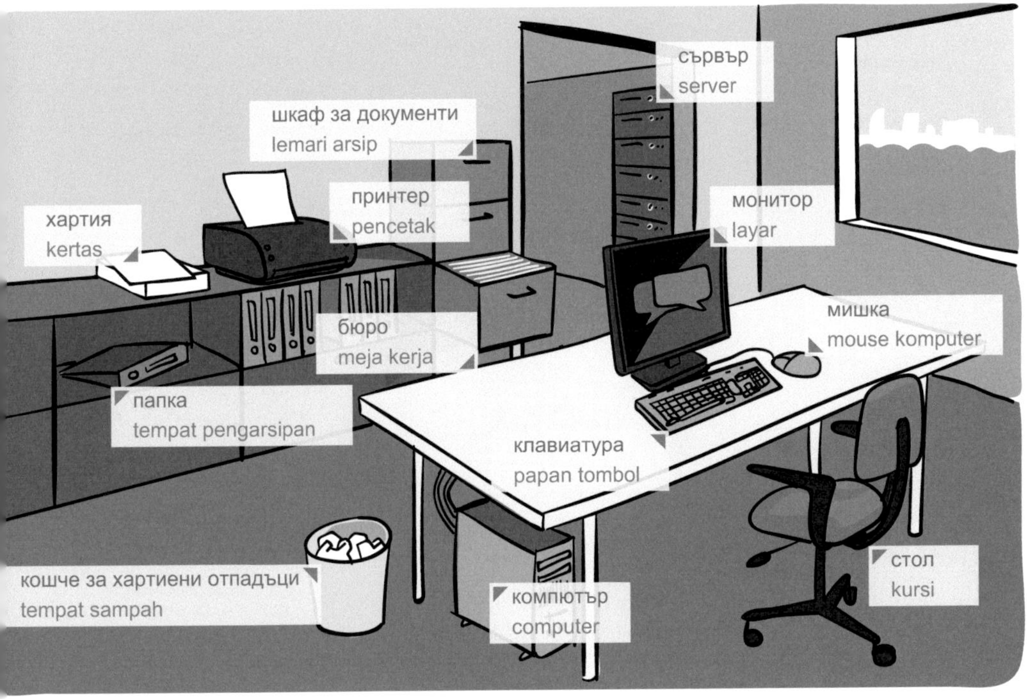

сървър
server

шкаф за документи
lemari arsip

принтер
pencetak

монитор
layar

хартия
kertas

бюро
meja kerja

мишка
mouse komputer

папка
tempat pengarsipan

клавиатура
papan tombol

кошче за хартиени отпадъци
tempat sampah

компютър
computer

стол
kursi

чаша за кафе
....
cangkir kopi

джобен калкулатор
....
kalkulator

интернет
....
internet

лаптоп

laptop

писмо

surat

съобщение

pesan

мобилен телефон

telepon seluler

мрежа

jaringan

ксерокс

fotokopi

софтуер

software

телефон

telepon

контакт

plug soket

факс

mesin fax

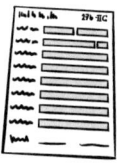

формуляр

formulir

документ

dokumen

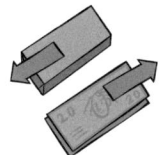

купувам

membeli

плащам

membayar

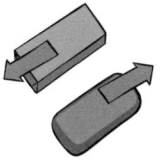

търгувам

berdagang

пари

uang

долар

Dollar

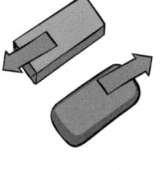

евро

Euro

йена

Yen

рубла

Rubel

швейцарски франк

Franc Swiss

ренминби юан

Renminbi Yuan

рупия

Rupiah

банкомат

ATM

обменно бюро

kantor pertukaran mata uang

злато

emas

сребро

perak

нефт

minyak

енергия

energi

цена

harga

договор

kontrak

данък

pajak

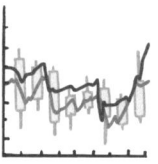

акция

saham

работя

bekerja

служител

karyawan

работодател

majikan

фабрика

pabrik

магазин за цветя

toko

професии
pekerjaan

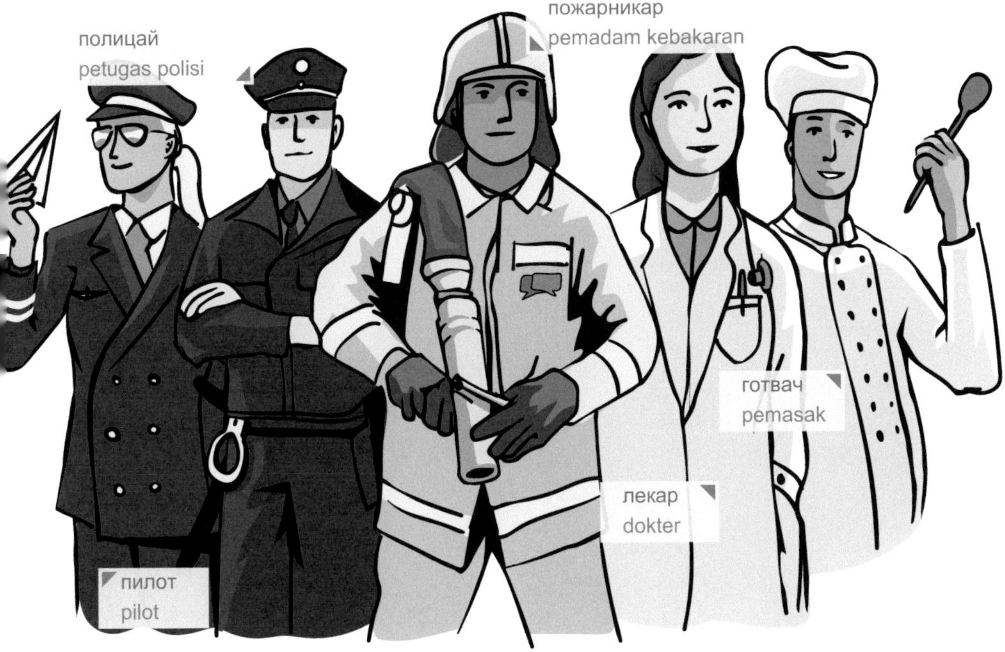

полицай
petugas polisi
пожарникар
pemadam kebakaran
готвач
pemasak
лекар
dokter
пилот
pilot

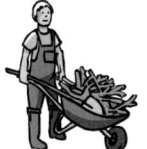

градинар

tukan kebun

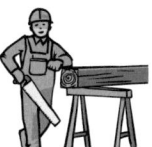

мебелист

tukang kayu

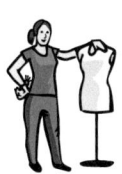

шивачка

penjahit wanita

съдия

hakim

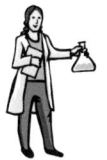

химик

ahli kimia

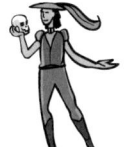

артист

aktor

шофьор на автобус

sopir bis

шофьор на такси

sopir taksi

рибар

nelayan

чистачка

pembantu

майстор на покриви

tukang atap

келнер

pelayan

ловец

pemburu

художник

pelukis

хлебар

tukang roti

електротехник

tukang listrik

строителен работник

pembangun

инженер

insinyur

касапин

tukang daging

тенекеджия

tukang ledeng

пощальон

tukang pos

войник

tentara

архитект

arsitek

касиер

kasir

цветар

penjual bunga

фризьор

penata rambut

кондуктор

konduktor

механик

montir

капитан

kapten

зъболекар

dokter gigi

научен работник

ilmuwan

равин

rabbi

имàм

imàm

монах

biarawan

свещеник

pendeta

инструменти

alat

клещи
tang
чук
palu
отвертка
obeng
гаечен ключ
kunci
джобна лампа
obor

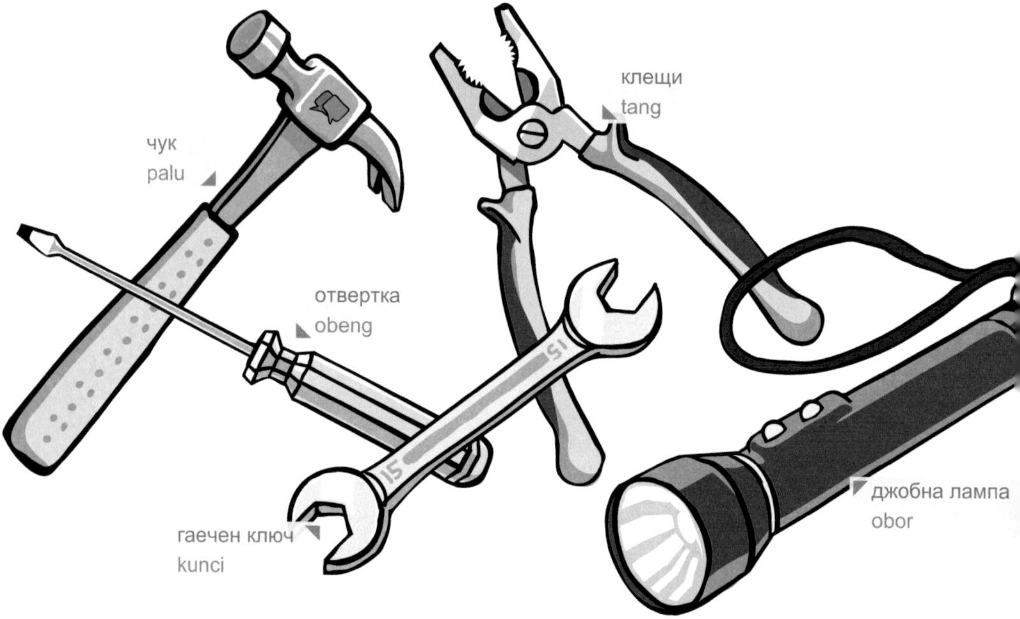

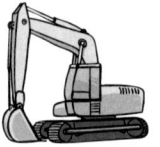

багер

penggali

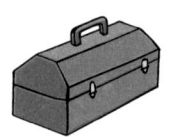

кутия за инструменти

tas perkakas

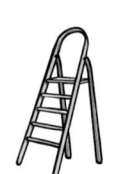

стълба

tangga

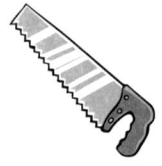

трион

gergaji

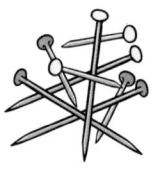

пирони

paku

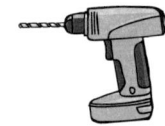

бормашина

bor

ремонтирам

perbaikan

лопата

sekop

По дяволите!

Sialan!

лопатка за смет

cikrak

кутия за боя

pot cat

болтове

sekrup

музикални инструменти
alat musik

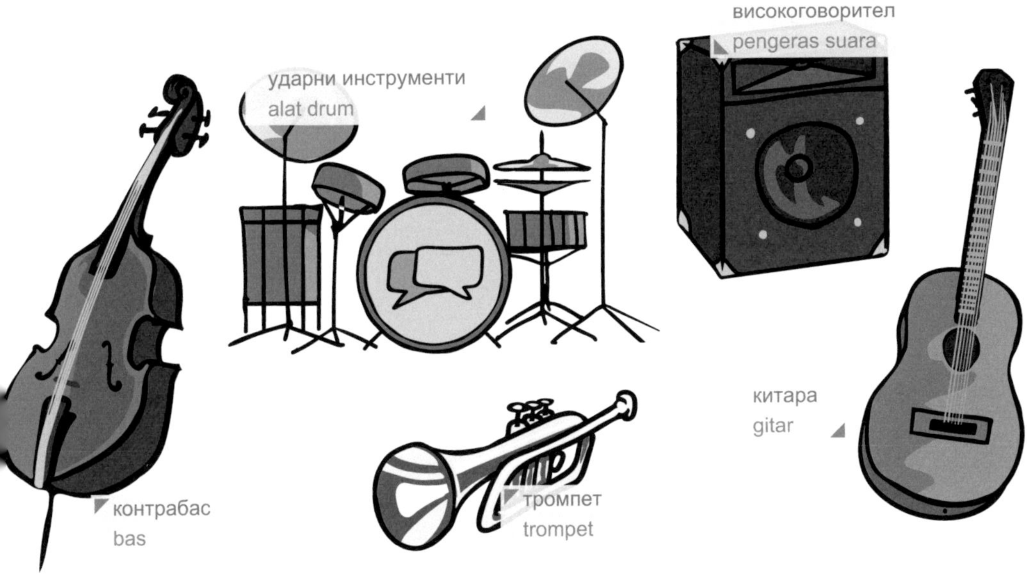

висококоворител
pengeras suara

ударни инструменти
alat drum

китара
gitar

контрабас
bas

тромпет
trompet

п演иано

piano

виолина

violin

контрабас

bass

тимпан

tambur

барабан

drum

електрическо пиано

keyboard

саксофон

saksofon

флейта

suling

микрофон

mikrofon

зоологическа градина

kebun binatang

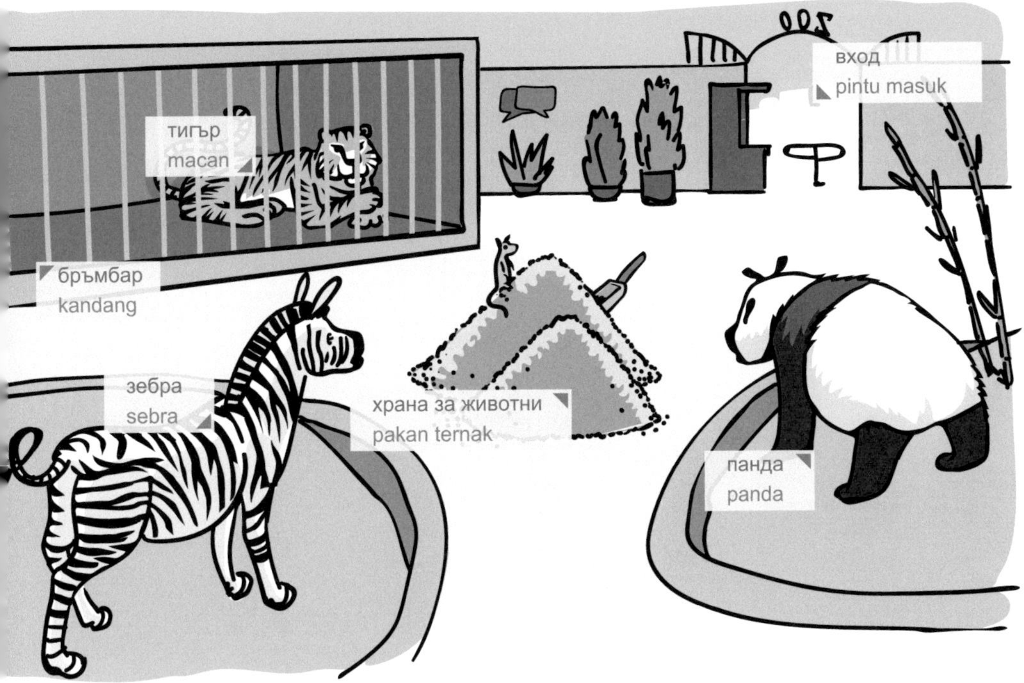

вход
pintu masuk
тигър
macan
бръмбар
kandang
зебра
sebra
храна за животни
pakan ternak
панда
panda

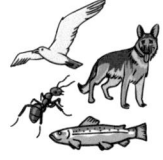

животни

hewan

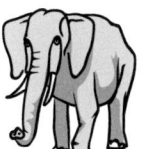

слон

gajah

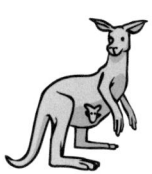

кенгуру

kanguru

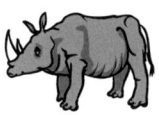

носорог

badak

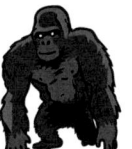

горила

gorila

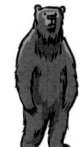

мечка

beruang

камила

unta

щраус

burung unta

лъв

singa

маймуна

monyet

фламинго

flamingo

папагал

burung beo

бяла мечка

beruang polar

пингвин

penguin

акула

hiu

паун

merak

змия

ular

крокодил

buaya

пазач в зоологическа
градина

penjaga kebun binatang

тюлен

segel

ягуар

jaguar

пони

kuda poni

леопард

macan tutul

хипопотам

kuda nil

жираф

jerapah

орел

burung elang

диво прасе

babi jantan

риба

ikan

костенурка

kura-kura

морж

anjing laut

лисица

rubah

газела

kijang

спорт
olahraga

американски футбол
american football

колоездене
naik sepeda

тенис
tennis

баскетбол
basketbal

плуване
bernang

бокс
tinju

хокей на лед
hoki es

футбол
sepak bola

бадминтон
badminton

лека атлетика
atletik

хандбал
bola tangan

ски бягане
main ski

поло
polo

дейности
aktivitas

смея се
ketawa
скачам
meloncat
прегръщам
memeluk
вървя
berjalan
пея
menyanyi
сънувам
mengimpi
моля се
berdoa
целувам
mencium

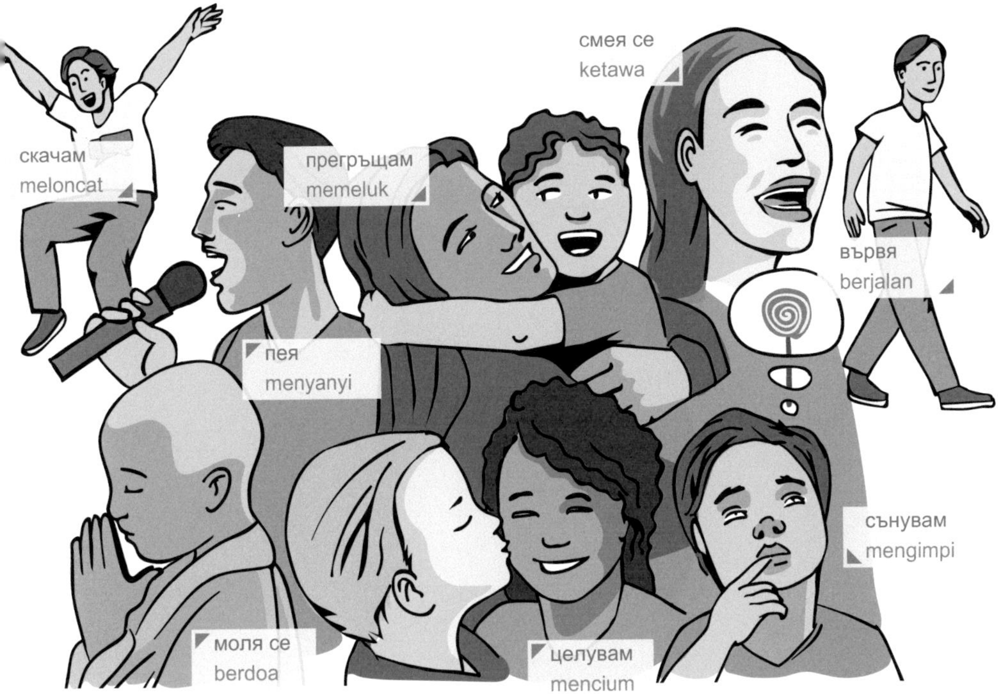

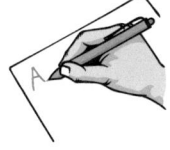

пиша

menulis

рисувам

melukis

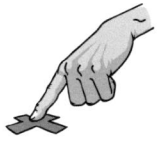

показвам

menunjuk

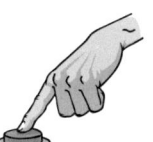

бутам

mendorong

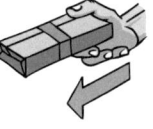

давам

memberikan

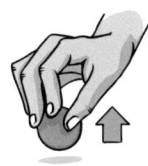

взимам

mengambil

имам

mempunyai

правя

melakukan

съм

adalah

стоя

berdiri

тичам

berlari

дърпам

menarik

хвърлям

melempar

падам

jatuh

лежа

tidur

чакам

menunggu

нося

membawa

седя

duduk

обличам

berpakaian

спя

tidur

събуждам се

bangun

разглеждам

melihat

плача

menangis

милвам

mengelus

реша се

menyisir

говоря

berbicara

разбирам

mengerti

питам

menanyak

слушам

mendengar

пия

minum

ям

makan

разтребвам

merapikan

обичам

cinta

готвя

memasak

карам автомобил

menyetir

летя

terbang

плавам (с платна)

berlayar

смятане

menghitung

чета

membaca

уча

belajar

работя

bekerja

женя се

menikah

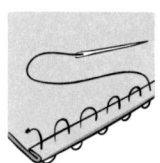

шия

menjahit

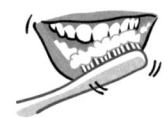

измивам си зъбите

sikat gigi

убивам

membunuh

пуша

merokok

изпращам

kirim

семейство

keluarga

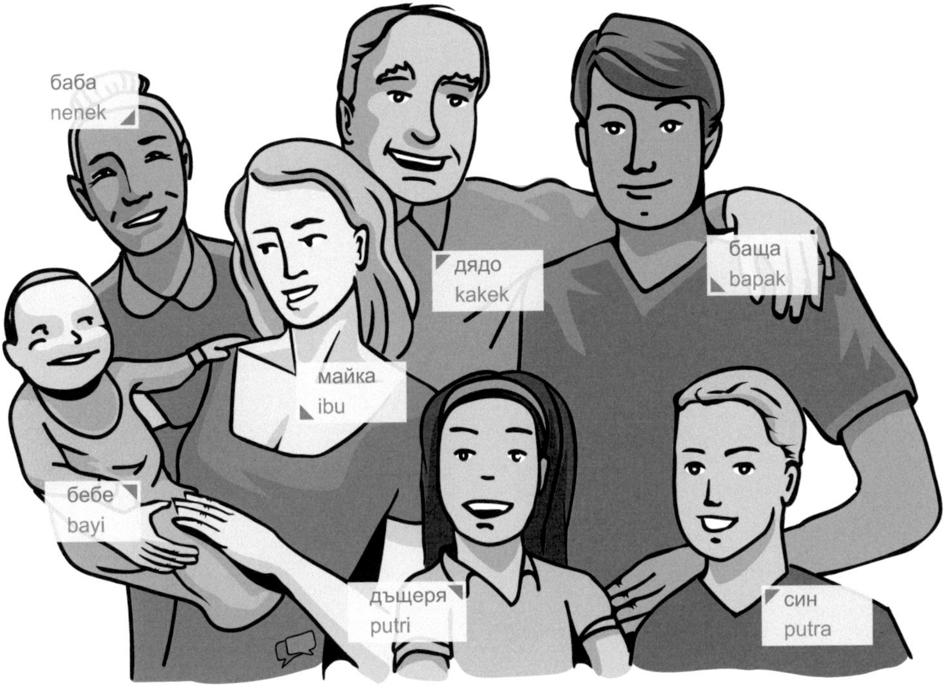
баба
nenek
дядо
kakek
баща
bapak
майка
ibu
бебе
bayi
дъщеря
putri
син
putra

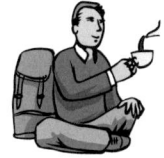

посетител

tamu

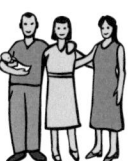

леля

bibi

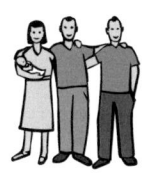

чичо

paman

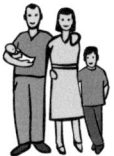

брат

kakak laki

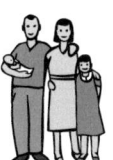

сестра

kakak perempuan

тяло

badan

чело
dahi
око
mata
рамо
bahu
пръст
jari
лице
muka
брадичка
dagu
ръка
tangan
крак
kaki
гърди
payudara
ръка
lengan

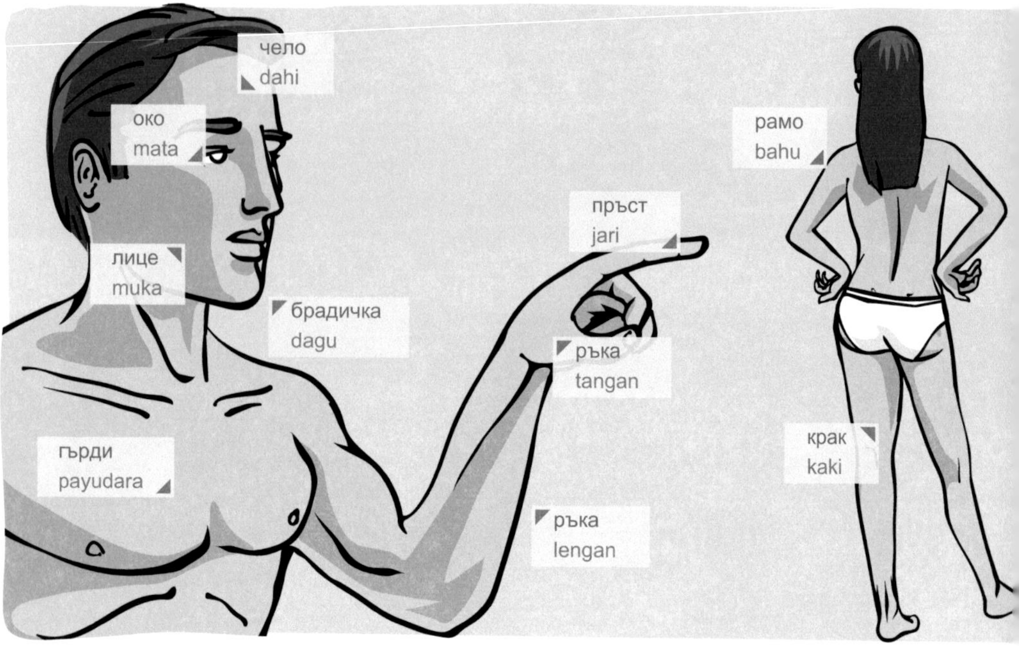

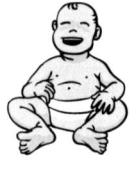

бебе

bayi

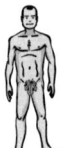

мъж

pria

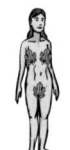

жена

wanita

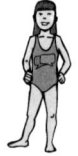

момиче

perempuan

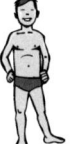

момче

laki

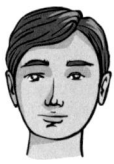

глава

kepala

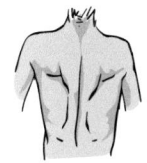

гръб

punggung

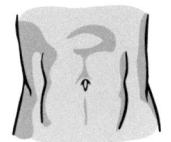

корем

perut

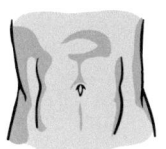

пъп

pusar

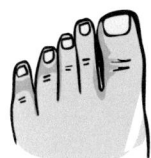

пръст на крака

toe

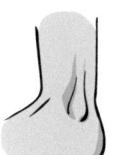

пета

tumit

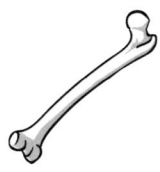

кост

tulang

хълбок

pinggang

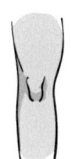

коляно

lutut

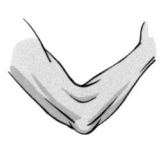

лакът

siku

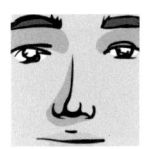

нос

hidung

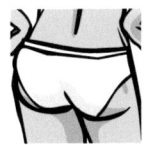

седалище

pantat

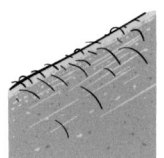

кожа

kulit

буза

pipi

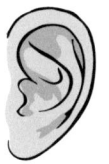

ухо

telinga

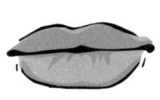

устна

bibir

уста

mulut

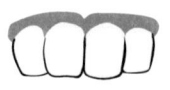

зъб

gigi

език

lidah

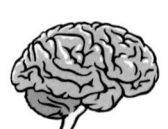

мозък

otak

сърце

jantung

мускул

otot

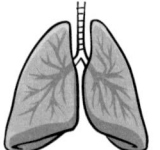

бял дроб

paru-paru

черен дроб

hati

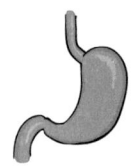

стомах

stomach

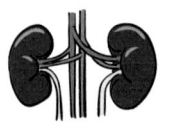

бъбреци

ginjal

полово сношение

hubungan seks

кондом

kondom

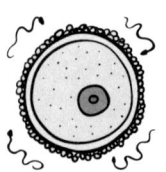

яйцеклетка

sel telur

сперма

sperma

бременност

kehamilan

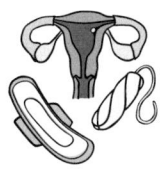

менструация

menstruasi

вагина

vagina

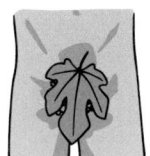

пенис

penis

вежда

alis

коса

rambut

шия

leher

болница
rumah sakit

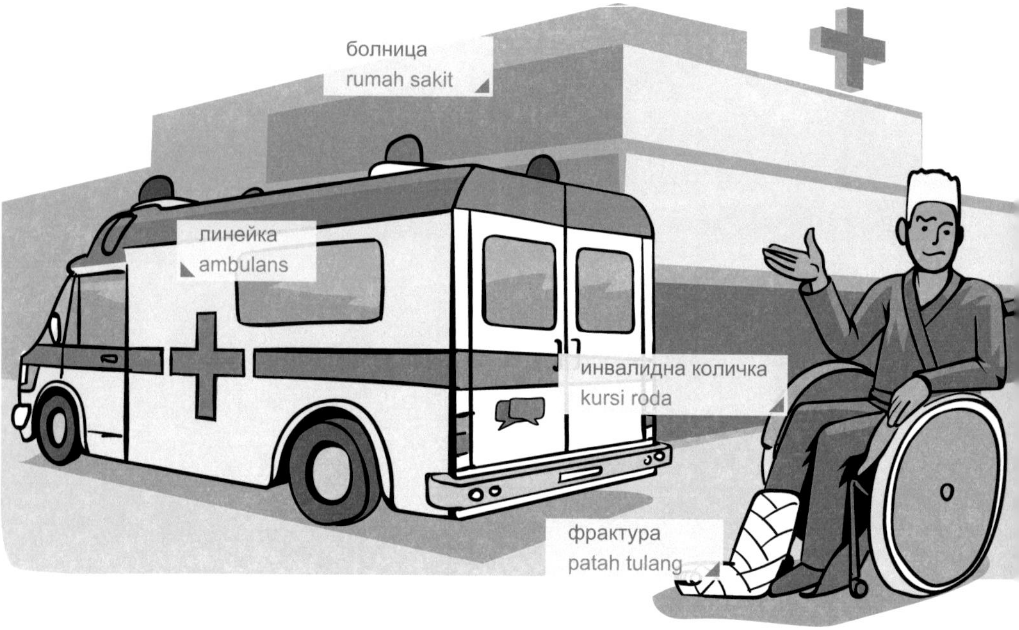

болница
rumah sakit
линейка
ambulans
инвалидна количка
kursi roda
фрактура
patah tulang

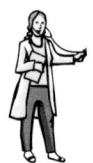

лекар

dokter

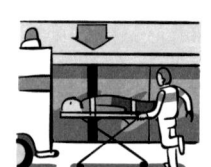

спешна хоспитализация

ruang darurat

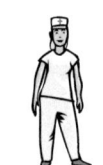

медицинска сестра

perawat

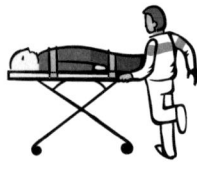

спешен случай

darurat

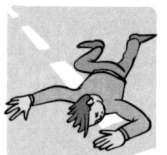

в безсъзнание

semaput

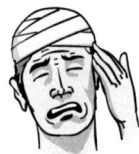

болка

sakit

нараняване

cedera

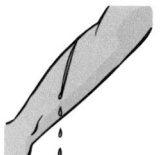

кървене

perdarahan

инфаркт

serangan jantung

инсулт

stroke

алергия

alergi

кашлица

batuk

температура

demam

грип

flu

диария

diare

главоболие

sakit kepala

рак

kanker

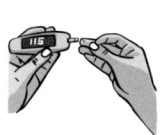

диабет

diabetes

хирург

ahli bedah

скалпел

pisau bedah

операция

operasi

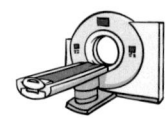

компютърна томография

CT

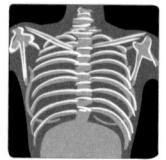

рентген

sinar x

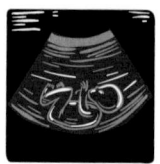

ултразвук

usg

маска

topeng

болест

penyakit

чакалня

ruang tunggu

патерица

penyokong

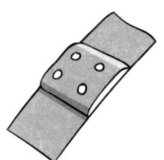

пластир

plester

превръзка

perban

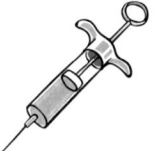

инжекция

injeksi

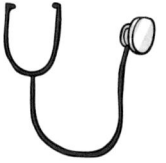

стетоскоп

stetoskop

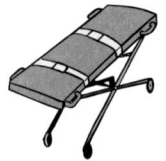

носилка

usungan

термометър

termometer klinis

раждане

kelahiran

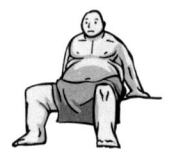

наднормено тегло

kelebihan berat badan

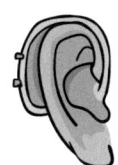

слухов апарат

alat pendengar

дезинфекционно средство

desinfektan

инфекция

infeksi

вирус

virus

HIV / AIDS

HIV / AIDS

медицина

obat

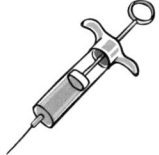

ваксинация

vaksinasi

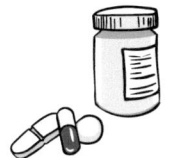

таблети

tablet

противозачатъчна
таблетка
pil

спешно телефонно
обаждане
panggilan darurat

апарат за измерване на
кръвното налягане

ukur tekanan darah

болен / здрав

sakit / sehat

Помощ!

Tolong!

сигнал за тревога

alarm

нападение

penyerbuan

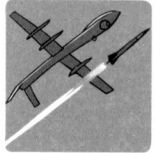

атака

serangan

опасност

bahaya

аварien изход

pintu darurat

Пожар!

Api!

пожарогасител

alat pemadam kebakaran

злополука

kecelakaan

комплект за оказване на
първа помощ

kit pertolongan pertama

SOS

SOS

полиция

polisi

Европа

Eropa

Северна Америка

Amerika Utara

Южна Америка

Amerika Selatan

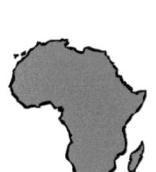

Африка

Afrika

Азия

Asia

Австралия

Australi

Атлантически океан

Atlantik

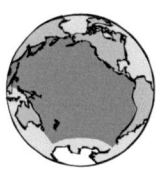

Тихи океан

Pasifik

Индийски океан

Samudra India

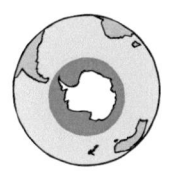

Южен ледовит океан

Samudra Antartika

Северен ледовит океан

Samudra Arktik

Северен полюс

kutub utara

Южен полюс

kutub selatan

Антарктида

Antarktika

Земя

bumi

суша

tanah

море

laut

остров

pulau

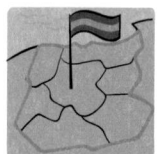

нация

bangsa

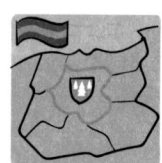

държава

negara

циферблат

jam wajah

стрелка на часовете

jarum pendek

стрелка на минутите

jarum menit

стрелка на секундите

jarum detik

Колко е часът?

Jam berapa?

ден

hari

време

waktu

сега

sekarang

дигитален часовник

jam digital

минута

menit

час

jam

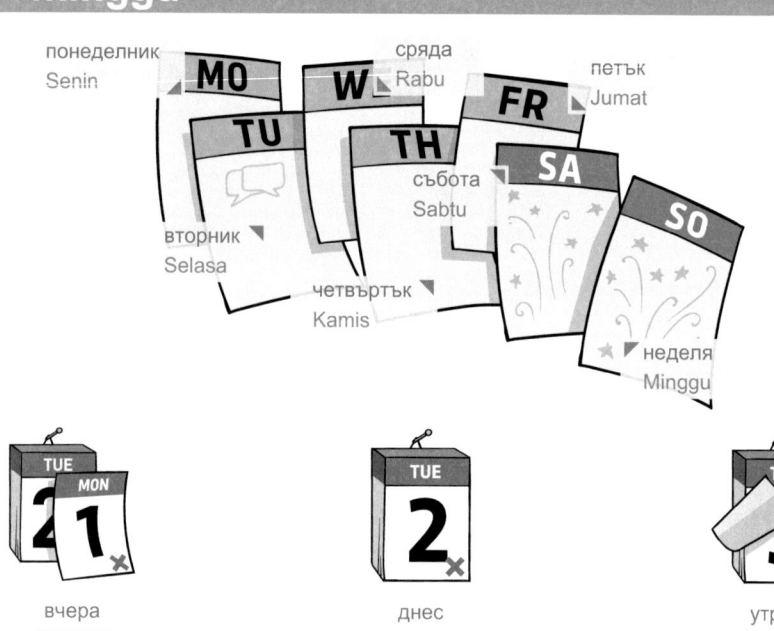

понеделник
Senin

сряда
Rabu

петък
Jumat

вторник
Selasa

четвъртък
Kamis

събота
Sabtu

неделя
Minggu

вчера

kemaren

днес

hari ini

утре

besok

сутрин

pagi

обед

siang

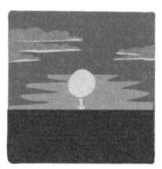

вечер

malam

работни дни

hari kerja

уикенд

akhir minggu

дъга
pelangi

дъжд
hujan

сняг
salju

вятър
angin

пролет
musim semi

есен
musim gugur

лято
musim panas

зима
musim dingin

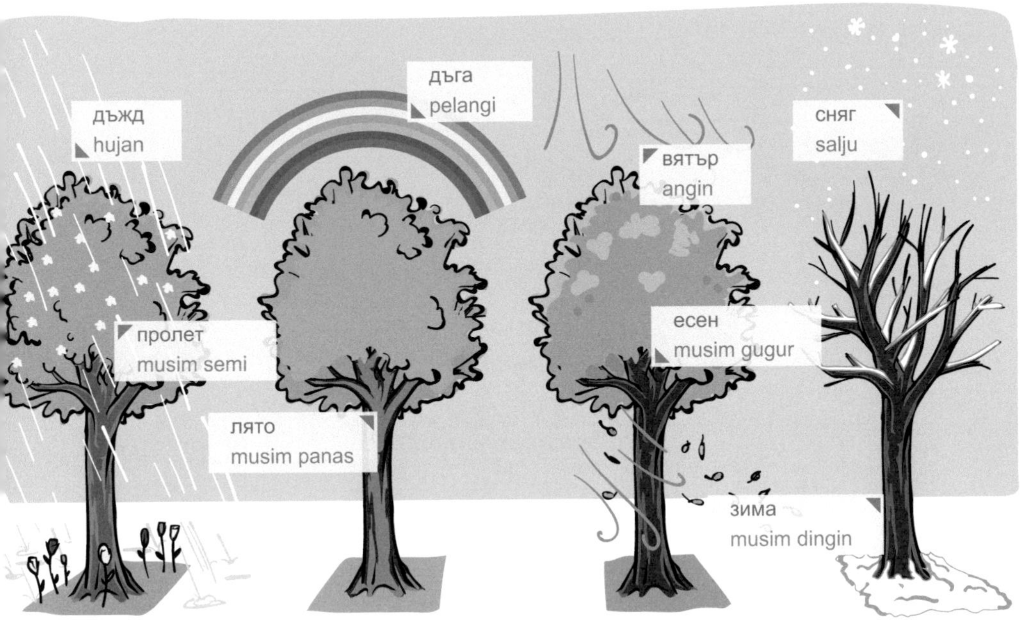

прогноза за времето

ramalan cuaca

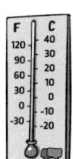

термометър

termometer

слънчева светлина

matahari

облак

awan

мъгла

kabut

влажност на въздуха

kelembahan

светкавица

kilat

гръмотевица

guntur

буря

badai

градушка

hujan es

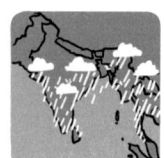

мусон

monsun

наводнение

banjir

лед

es

януари

Januari

февруари

Februari

март

Maret

април

April

май

Mei

юни

Juni

юли

Juli

август

Agustus

година - tahun

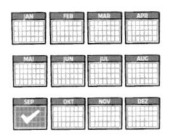

септември
....
September

октомври
....
Oktober

ноември
....
November

декември
....
Desember

кръг
....
lingkaran

квадрат
....
persegi

квадрат панель

четириъгълник
....
persegi panjang

триъгълник
....
segi tiga

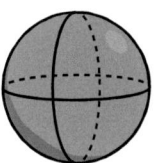

сфера
....
bola

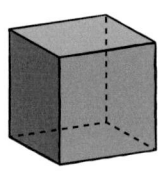

куб
....
kubus

бял

putih

жълт

kuning

оранжев

oranye

розов

pink

червен

merah

лилав

ungu

син

biru

зелен

hijau

кафяв

coklat

сив

abu-abu

черен

hitam

много / малко

banyak / sedikit

ядосан / спокоен

marah / tenang

красив / грозен

cantik / jelek

начало / край

mulaih / selesai

голям / малък

besar / kecil

светъл / тъмен

terang / gelap

брат / сестра

saudara laki-laki / saudara perempuan

чист / мръсен

bersih / kotor

пълен / непълен

lengkap / tidak lengkap

ден / нощ

hari / malam

мъртъв / жив

mati / hidup

широк / тесен

luas / sempit

ядлив / неядлив

dapat dimakan / tidak dapat dimakan

сърдит / любезен

jahat / baik

развълнуван / скучаещ

bersemangat / bosan

дебел / тънък

gemuk / kurus

най-напред / най-накрая

pertama / terakhir

приятел / враг

teman / musuh

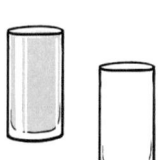

пълен / празен

penuh / kosong

твърд / мек

keras / lembut

тежък / лек

berat / enteng

глад / жажда

lapar / haus

болен / здрав

sakit / sehat

нелегален / легален

ilegal / legal

интелигентен / глупав

cerdas / bodoh

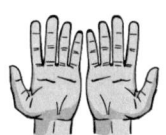

ляво / дясно

kiri / kanan

близо / далече

dekat / jauh

нов / употребяван

baru / bekas

нищо / нещо

tidak ada apapun / sesuatu

стар / млад

tua / muda

вкл. / изкл.

nyala / mati

отворен / затворен

buka / tutup

тих / силен (звук)

tenang / keras

богат / беден

kaya / miskin

правилен / погрешен

benar / salah

грапав / гладък

kasar / halus

тъжен / щастлив

sedih / gembira

дълъг / къс

pendek / panjang

бавен / бърз

pelan-pelan / cepat

мокър / сух

basah / kering

топъл / студен

hangat / sejuk

война / мир

perang / damai

0	**1**	**2**
нула	едно	две
nol	satu	dua

3	**4**	**5**
три	четири	пет
tiga	empat	lima

6	**7**	**8**
шест	седем	осем
enam	tujuh	delapan

9	**10**	**11**
девет	десет	единадесет
sembilan	sepuluh	sebelas

12

дванадесет

duabelas

13

тринадесет

tigabelas

14

четиринадесет

empatbelas

15

петнадесет

limabelas

16

шестнадесет

enambelas

17

седемнадесет

tujuhbelas

18

осемнадесет

delapanbelas

19

деветнадесет

sembilanbelas

20

двадесет

duapuluh

100

сто

seratus

1.000

хиляда

seribu

1.000.000

милион

juta

числа - angka-angka

английски

Inggris

американски английски

bahasa Inggris Amerika

китайски мандарин

bahasa Cina Mandarin

хинди

bahasa Hindi

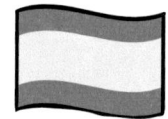

испански

bahasa Spanyol

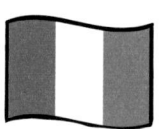

френски

bahasa Perancis

арабски

bahasa Arab

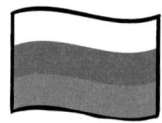

руски

bahasa Rusia

португалски

bahasa Portugis

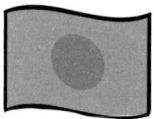

бенгалски

bahasa Bengal

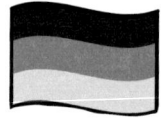

немски

bahasa Jerman

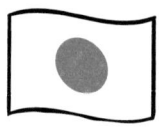

японски

bahasa Jepang

аз

saya

ти

kamu

той / тя / то

dia

ние

kita

вие

kalian

те

mereka

кой?

siapa?

какво?

apa?

как?

begaimana?

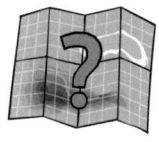

къде?

dimana?

кога?

kapan?

име

nama

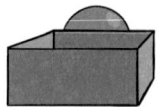

зад

dibelakang

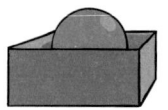

в

di

пред

didepan

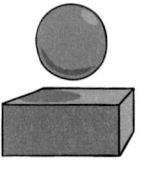

над

diatas

върху

diatas

под

dibawah

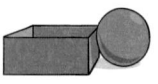

до

sebelah

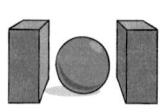

между

di antara

място

tempat